DENTELLES

ANCIENNES ET MODERNES

LINGE DE LUXE

ÉTOFFES, FOURRURES

Objets de Vitrine

BIJOUX

Le tout appartenant à Mademoiselle R...

PARIS — NOVEMBRE 1913

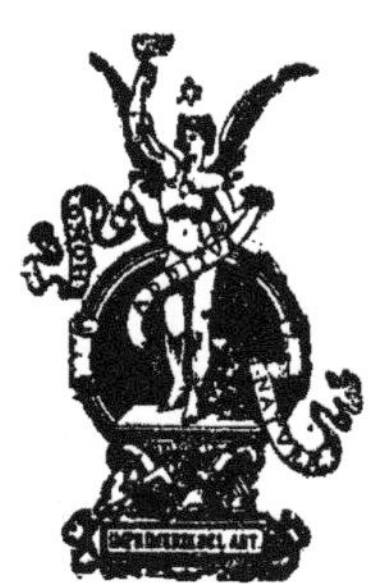

CATALOGUE

DES

Dentelles Anciennes

Application d'Angleterre, Bruges, Bruxelles, Chantilly
Duchesse, Point de France, Point à l'aiguille, Irlande, Malines
Valenciennes, Venise

ROBES EN BRUGES, EN POINT A L'AIGUILLE ET EN VALENCIENNES

ÉTOFFES GARNIES DE DENTELLES

ROBES, BAS, FICHUS EN TULLE

LINGE DE LUXE

ÉTOFFES EUROPÉENNES ET ORIENTALES

OBJETS DE VITRINE

Éventails, Miniatures

BIJOUX, FOURRURES

Le tout appartenant à Mademoiselle R...

ET DONT LA VENTE AUX ENCHÈRES PUBLIQUES AURA LIEU

HOTEL DROUOT, SALLE N° 6

LES LUNDI 24, MARDI 25
MERCREDI 26 ET JEUDI 27 NOVEMBRE 1913

à deux heures

COMMISSAIRE-PRISEUR	**EXPERTS**
Mᵉ **GEORGES GUÉROULT**	**MM. PAULME & B. LASQUIN Fils**
8, rue de Berlin	10, r. Chauchat - 11, r. Grange-Batelière

PARIS

Chez lesquels se distribue le présent Catalogue

EXPOSITION PUBLIQUE

Le Dimanche 23 Novembre 1913 (Salle N° 6), de 2 h. à 6 heures

CONDITIONS DE LA VENTE

Elle sera faite au comptant.

Les acquéreurs paieront *dix pour cent* en sus des enchères.

NOTA. — Le Commissaire-Priseur et les Experts se réservent la faculté de diviser ou réunir les lots.

Paris. — Imp. de l'Art, Ch. Berger, 41, rue de la Victoire.

DÉSIGNATION

LINGE

1 — Vingt-quatre serviettes à thé, brodées en couleurs.

2 — Dix-huit serviettes de toilette, brodées en couleurs.

3 — Vingt-deux serviettes de toilette, brodées.

4 — Vingt-quatre serviettes à jours. Chiffrées.

5 — Quatorze mouchoirs en batiste brodée ou ajourée.

6 — Mouchoir en batiste garni de Malines.

7 — Mouchoir en batiste, garni de point à l'aiguille.

8 — Mouchoir en batiste, garni de Duchesse.

9 — Huit mouchoirs en batiste brodée, garnis de Valenciennes basse.

10 — Dix mouchoirs en batiste imprimée, garnis de Valenciennes basse.

11 — Vingt et un mouchoirs brodés en batiste, garnis de petite Valenciennes.

12 — Dix mouchoirs en batiste brodée à rivières de jours, garnis de Valenciennes, point de Paris et Malines.

13 — Dix mouchoirs en batiste blanche et de couleurs, garnis de Valenciennes. Chiffres brodés.

14 — Seize mouchoirs en batiste, chiffres brodés, garnis de volants plissés, batiste et Valenciennes.

15 — Deux mouchoirs, garnis de Chantilly noire.

16 — Vingt-sept mouchoirs en batiste de couleurs variées, quelques-uns brodés ou bordés de Chantilly noir.

17 — Deux nappes granitées, brodées en couleurs, et vingt-quatre serviettes. Chiffres brodés.

18 — Deux nappes granitées, brodées en couleurs, et vingt-quatre serviettes. Chiffres brodés.

19 — Trois nappes et trente-six serviettes damassées. Chiffre brodé. (Trois services.)

20 — Trois nappes et trente-six serviettes damassées. Chiffre brodé. (Trois services.)

21 — Trois draps, six grandes et six petites taies d'oreiller, brodés.

22 — Deux draps et huit taies, bordure plissée et petites dentelles.

23 — Six draps, douze grandes taies d'oreiller, deux petites, et cinq taies de traversin, bordure plissée.

24 — Six draps, douze grandes taies et douze petites taies d'oreiller; bordure plissée.

25 — Huit draps, seize grandes taies d'oreiller, six petites.

26 — Drap et quatre taies d'oreiller, garnis de guipure.

27 — Drap et quatre taies d'oreiller garnis de guipure.

28 — Deux draps, quatre grandes et quatre petites taies d'oreiller. Chiffres brodés. Garniture de guipure.

29 — Deux housses de coussins longs en linon, l'un orné de Venise, l'autre de vieux Cluny.

30 — Deux draps brodés, garnis de volants d'Irlande, et quatre grandes et deux petites taies d'oreiller brodées. — Haut., 20 cent; long. totale, 11 m. 40 cent. environ.

31 — Douze grandes et douze petites taies d'oreiller. Chiffres brodés. Garniture de guipure et de dentelle de Milan.

32 — Six napperons, dont quatre en fil tiré ancien, et deux en Milan.

33 — Deux draps, quatre grandes et quatre petites taies d'oreiller. Garniture guipure de Milan.

34 — Drap, deux grandes et deux petites taies d'oreiller, et une taie de traversin, chiffres brodés. Garniture de dentelle de Milan. Volants des draps. — Haut., 12 cent.; long. totale : 12 mètres environ.

35 — Deux draps, quatre grandes et quatre petites taies d'oreiller. Chiffres brodés. Garniture de Milan. — Volants des draps. — Haut., 13 et 14 cent.; long. totale environ : 12 mètres.

36 — Deux draps, quatre grandes et deux petites taies
d'oreiller, et deux taies de traversin. Garniture de
guipure de Milan. Les draps sont garnis de volants
de 30 et 35 cent. de hauteur, et développent ensemble
environ 18 mètres.

37 à 39 — Trois draps, six grandes et six petites taies
d'oreiller, et trois taies de traversin. Garniture de
guipure de Milan. Les draps sont garnis de volants
de 30 et 35 cent. de hauteur, et développent ensemble 27 mètres environ.

40 — Deux housses de coussin en linon et dentelle de
Valenciennes. Chiffres brodés.

41 — Deux housses de coussins carrés en linon et Valenciennes.

42 — Deux housses de coussins longs en linon et Valenciennes.

43 — Une housse carrée et une housse longue, en linon
et Valenciennes.

44 — Trois draps, trois grandes taies d'oreiller et trois
petites, garnis de plissés et Valenciennes.

45 — Deux draps et huit taies d'oreiller, garnis de plissés et Valenciennes.

46 — Deux draps et huit taies d'oreiller, bordure plissée
et petite Valenciennes.

47 — Deux draps et six taies d'oreiller, bordure plissée et
petite Valenciennes.

48 — Deux draps et huit taies d'oreiller, bordure plissée
et petite Valenciennes.

49 — Deux draps et huit taies d'oreiller, bordure plissée
et petite Valenciennes.

50 — Trois draps, six grandes et six petites taies d'oreiller, et quatre taies de traversin. Chiffres brodés. Garniture de Valenciennes. — Volants des draps : Long.
totale, environ : 19 m. 80 cent.

51 — Trois draps, six grandes et six petites taies d'oreiller, et deux taies de traversin. Chiffres brodés. Garniture de Valenciennes. Volants des draps. — Haut.,
12 cent.; long. totale : 17 mètres environ.

52 à 54 — Trois draps, six grandes et six petites taies
d'oreiller; et deux taies de traversin. Chiffres brodés.
Garniture de Valenciennes. Volants des draps. —
Haut., 12 cent.; long. totale : 17 mètres environ.

55 — Napperon. Vieux Venise, point coupé, bordure
dentelée.

56 — Housse de coussin en linon, orné en Venise, bordé
de Cluny; brodée de fleurs de lis.

57 — Douze serviettes à thé, garnies de carrés, petite
bordure en Venise.

58 — Six serviettes, chiffre brodé, garnies de guipure
de Venise.

59 — Six serviettes, chiffre brodé, garnies de guipure
de Venise.

60 — Douze napperons en toile, chiffre à jour, garnie
d'entre-deux et bordure en Venise, dessins variés.

61 — Trois nappes, avec entre-deux en Venise. Trente-
six serviettes. Chiffres brodés.

62 — Deux nappes en toile granitée, entre-deux Venise, et vingt-quatre serviettes. Chiffres brodés. — Environ 4 m. 50 cent. d'entre-deux par nappe.

63 — Deux nappes damassées, garnies d'entre-deux à carrés de Venise et carrés de broderie; et vingt-quatre serviettes.

64 — Deux nappes damassées, garnies d'entre-deux à carrés de Venise et carrés de broderie; et douze serviettes. Chiffres brodés.

65 — Nappe et toile granitée, chiffre à jour, large entre-deux et bordure dentelée en Venise; et douze serviettes à petit entre-deux de Venise. — Long. du volant de la nappe, 8 m. 90 cent. environ; long. de l'entre-deux, 6 m. 70 cent. environ.

ÉTOFFES VARIÉES

GARNIES DE DENTELLES

ROBES, BAS, FICHUS EN TULLE

66 — Six paires de bas de soie noire.

67 — Vingt-neuf paires de bas de soie rouge.

68 — Sept paires de bas ajourés en soie.

69 — Sept paires de bas de fil, brodés de soies de couleurs.

70 — Six paires de bas ajourés en fil fin.

71 — Une paire de bas de soie, garnis de Valenciennes.

72 — Une paire de bas de soie, garnis de Valenciennes.

73 — Paire de bas de soie, garnis de point à l'aiguille.

74 — Autre paire de bas de soie, garnis point à l'aiguille.

75 — Deux paires de bas de soie rouge, garnis de Chantilly noire.

76 — Sept rideaux en tulle brodé, entre-deux de Bruges.

77 — Vingt-quatre rideaux en tulle brodé.

78 — Deux rideaux de fond de lit en tulle brodé.

79 — Robe en satin cerise, couverte de tulle imprimé.

80 — Robe d'intérieur en tulle brodé, garnie de dentelle
de Flandre.

81 — Robe d'intérieur en soie mauve, linon et Valenciennes.

82 — Robe d'intérieur en linon rose et Malines.

83 — Panneau en velours, garni de bandes dentelles
vieux Venise, à petits reliefs. — Deux hauteurs :
Haut., 9 cent.; long., 70 cent. Haut., 5 cent.; long.,
1 m. 40 cent.

84 — Panneau en velours, garni de bandes vieux Venise,
à petits reliefs. — Deux hauteurs : Haut., 9 cent.;
long., 70 cent. Haut., 5 cent.; long., 1 m. 40 cent.

85 — Panneau velours garni bandes vieux Venise, à petits reliefs. -- Deux hauteurs : Haut., 9 cent.; long.,
1 m. 15 cent. Haut., 5 cent.; long., 1 m. 30.

86 — Autre panneau en velours, garni de bandes de vieux
Venise, petits reliefs. — Haut., 9 cent.; long., 1 m. 15
cent. — Haut., 5 cent.; long., 1 m. 30.

87 — Deux bandes de velours, garnies de vieux Venise,
petit relief. — Dimension de chaque bande : Haut.,
9 cent.; long., 80 cent. — Haut., 5 cent.; long., 80
cent.

88 — Bande de velours, garnie de vieux Venise, petit
relief. — Haut., 9 cent.; long., 1 m. 60 cent. — Haut.,
5 cent.; long., 1 m. 60.

89 — Collerette en batiste, garnie de Malines. — 2 m.
10 cent. environ.

90 — Trois collerettes en batiste, garnies de Valenciennes
et deux manches même dentelle. — Environ 5 metres.

91 — Fichu en tulle garni d'imitation d'Alençon et plusieurs coupes également en imitation. — Environ
23 mètres.

92 — Devant de corsage en tulle, bordé de Valenciennes.
— Long., 3 m. environ.

93 — Deux collerettes en linon et un devant en batiste,
garnis Malines. — Haut., 10 cent.; long. totale,
3 mètres environ.

94 — Trois collerettes linon et un jabot en tulle, ornés
de Valenciennes. — Haut., 12 cent.; long., 2 m, 80
cent. environ. — Haut., 10 cent.; long., 2 m. 50 cent.
environ. — Haut., 10 cent.; long., 2 m. 50 cent.
environ.

95 — Jabot en tulle, garni d'Irlande. — Haut., 8 cent.;
long., 4 m. 10 cent. environ.

96 — Fichu garni de Malines. — 5 mètres environ.

97 — Cravate en tulle, garni de Malines.— Haut., 9 cent.; long., 3 mètres environ.

98 — Fichu en tulle, garni Valenciennes ancienne, motifs bordures de roses. — Haut., 10 cent.; long., 5 m. 30 environ.

99 — Fichu en tulle brodé, garni de Malines. — Haut., 8 cent.; long., 11 mètres environ.

100 — Châle en crêpe de Chine noir, garni d'Irlande fine. — Haut., 15 cent.; long., 12 mètres environ.

OMBRELLES

101 — Cinq ombrelles, manches variés : jonc, ivoire, bambou, écaille, dont deux à pommes ou béquilles en porcelaine décorée, recouvertes en soie de couleur.

102 — Ombrelle, à manche d'écaille blonde et corne, couverte de dentelle de Chantilly noire.

103 — Ombrelle, à manche d'ivoire finement sculpté, recouverte de mousseline de soie blanche et garnie d'application d'Angleterre et volant Malines.

FOURRURES

104 — Manchon en renard noir.

105 — Manchon en castor.

106 — Manchon en castor des Indes.

107 — Col et deux bas de manches en hermine.

108 — Une peau et une tête d'hermine.

109 — Morceau de chinchilla.

110 — Une peau, deux bandes et une tête de vison.

111 — Deux toques en loutre.

112 — Peau zibeline.

113 — Lot de bandes et queue zibeline.

114 — Manteau en loutre d'Hudson, garni de chinchilla.

115 — Manteau en loutre de mer, garni de castor.

116 — Grand manteau en loutre de mer, col en chinchilla.

117 — Couverture en martre.

118 — Étole en chinchilla.

119 — Grande bande et deux parements en astrakan.

120 — Couverture en mongolie.

121 — Autre couverture en mongolie.

122 — Deux grandes bandes mongolie blanche.

123 — Couverture en labrador.

124 — Couverture en castor.

125 — Couverture en ventre de lynx.

DENTELLES

126 — **Angleterre** (Application d'). Fragment de volant
et deux manches en Bruges.

127 — **Angleterre** (Point d'). Petite barbe. — Long.,
1 mètre ; larg., 8 cent.

128 — **Bruges**. Barbe. — Long., 1 m. 30 cent. ; larg.,
28 cent.

129 — **Bruges**. Barbe, motifs à festons de fleurs et feuillages. — Long., 1 m. 40 cent. ; larg., 12 cent.

130 — **Bruges**. Devant de robe, composé d'entre-deux et
dentelle.

131 — **Bruges**. Une coupe, bordure de fleurs et feuillages. — Haut., 9 cent. ; long., 4 m. 80 cent.

132 — **Bruges**. Coupe, motifs à branches de roses. —
Haut., 8 cent. ; long., 4 m. 85 cent.

133 — **Bruges**. Motifs à grosses fleurs et feuillages.
Haut., 10 cent. ; long., 7 m. 35 cent.

134 — **Bruges**. Six coupes, motifs à grosses fleurs et
feuillages. — Haut., 8 cent. ; long. totale, 6 m. 40
cent.

135 — **Bruges**. Robe princesse, motifs à grands enroule-
ments, ramages, gerbes de fleurs. — Haut. totale
du dos, 2 mètres ; long. de tour du bas, 5 mètres.

136 — **Bruxelles**. Deux feuilles d'éventails, application
sur tulle noir.

137 — **Chantilly**. Garniture d'ombrelle et une mantille en dentelle noire.

138 — **Chantilly**. Barbe et deux manches en dentelle noire. — Long., 1 m. 55 cent. ; larg., 19 cent.

139 — **Chantilly**. Volant en deux coupes, dentelle noire. — Haut., 13 cent. ; long. totale, 11 m. 70 cent.

140 — **Chantilly**. Trois coupes dentelle noire. — Haut., 9 cent. ; long. totale, 14 m. 90 cent.

141 — **Chantilly**. Trois coupes dentelle noire (une couture). — Haut., 8 cent. ; long. totale, 18 m. 50 cent.

142 — **Chantilly**. Deux coupes et trois morceaux dentelle noire. — Haut., 9 cent.; long. de la coupe, 2 m. 75 cent. — Haut., 6 cent. ; long., de la coupe, 3 m. 05 cent.

143 — **Chantilly**. Volant en dentelle noire. — Haut., 25 cent.; long., 4 m. 85 cent.

144 — **Chantilly**. Volant en dentelle noire, et une petite coupe. — Haut., 25 cent.; long., 3 m. 20 cent.

145 — **Chantilly**. Volant en dentelle noire. — Haut., 25 cent.; long., 9 m. 30 cent.

146 — **Chantilly**. Volant en dentelle noire. — Haut., 24 cent.; long., 10 m. 50.

147 — **Chantilly**. Volant en dentelle noire. — Haut., 30 cent.; long., 5 m. 60 cent.

148 — **Chantilly**. Volant en dentelle noire. — Haut., 30 cent.; long., 10 m. 30 cent.

149 — **Chantilly**. Grande écharpe noire. — Haut., 1 m. 14 cent.; long., 2 m. 40 cent.

150 — **Chantilly**. Grand châle en dentelle noire.

151 — **Chantilly**. Très grand volant en dentelle noire. — Haut., 1 mètre; long., 5 m. 40 cent.

152 — **Duchesse**. Une barbe. — Long., 1 m. 50 cent.

153 — **Duchesse**. Une barbe. — Long., 1 m. 50 cent.; larg., 14 cent.

154 — **Duchesse**. Une coupe. — Haut., 6 cent.; long., 6 m. 40 cent.

155 — **Duchesse**. Une coupe. — Haut., 8 cent.; long., 3 mètres.

156 — **Duchesse**. Une coupe et deux manches, à motifs de campanules et roses. — Haut., 13 cent.; long., 6 m. 35 cent.

157 — **Duchesse**. Écharpe avec médaillons au point à l'aiguille, à motifs de rocailles, gerbes de fleurs et roseaux, roses, etc. — Long., 2 m. 50; larg., 58 cent.

158 — **Duchesse**. Volant en deux coupes; deux manches à sabots, avec médaillons au point à l'aiguille. — Haut., 25 cent.; long. totale des volants, 7 m. 60 cent.

159 — **Espagnole** (Genre). Six coupes de dentelle noire. Modèles variés. — Long. totale, 23 m. 75 cent.

160 — **Espagnole** (Genre). — Six grands morceaux de volants en dentelle noire.

161 — **Flandres**. Six coupes, bord droit. Époque Empire. (Quinze coutures.) — Haut., 10 cent.; long. totale, 15 m. 65 cent.

162 — **France** (Ancien point de). Col et deux parements.

163 — **France**, XVIIIᵉ siècle (Point de). Une coupe. — Haut., 8 cent.; long., 2 m. 15 cent.

164 — **Irlande**. Une coupe. — Haut., 6 cent.; long., 4 mètres.

165 — **Irlande**. Six coupes. — Haut., 6 cent.; long. totale, 6 m. 60 cent.

166 — **Luxeuil**. Garniture d'ombrelle en deux pièces.

167 — **Malines ⸳ Valenciennes**. Deux empiècements.

168 — **Malines**. Quatre coupes entre-deux, à motifs d'entrelacs. — Haut., 4 cent.; long. totale, 14 m. 15 cent.

169 — **Malines**. Quatre coupes (une couture). — Haut., 10 cent.; long. totale, 15 m. 15 cent.

170 — **Malines**. Trois coupes. — Haut., 8 cent.; long. totale, 16 mètres.

171 — **Malines** Deux coupes. — Haut., 8 cent.; long. totale, 13 mètres.

172 — **Malines**. Volant en trois coupes, à motifs de guirlandes, fleurs et palmettes. — Haut., 9 cent.; long., 13 m. 90 cent.

173 — **Malines**. Quatre manches à sabots.

174 — **Milan**. Coupe ancienne dentelle. — Haut., 8 cent.; long., 1 m. 35 cent.

175 — **Point à l'aiguille.** Barbe. — Long., 1 m. 50 cent.; larg., 30 cent.

176 — **Soie** (Dentelle de). Trois fichus.

177 — **Valenciennes.** Six coupes. — Haut., 7 cent.; long. totale, 9 mètres.

178 — **Valenciennes.** Dix coupes. — Haut., 3 cent.; long. totale : 7 m. 70 cent.

179 — **Valenciennes.** Quatre coupes dont une coupe d'un modèle différent. — Haut., 11 cent.; long. totale, 3 m. 30 cent.

180 — **Valenciennes et Malines.** Plusieurs coupes petites dentelles. — Environ, 102 mètres.

181 — **Valenciennes.** Plusieurs coupes de petites dentelles. — Environ 68 mètres.

182 — **Valenciennes.** Nombreuses petites coupes. — Environ, 65 mètres.

183 — **Valenciennes.** Neuf coupes d'entre-deux. — Haut., 6 cent.; long. totale, 7 m. 50 cent.

184 — **Valenciennes.** Nombreuses petites coupes. — Environ, 50 mètres.

185 — **Valenciennes.** Coupe (Une couture.) — Haut., 7 cent.; long., 4 m. 60 cent.

186 — **Valenciennes.** Trois coupes. — Haut., 10 cent.; long. totale, 7 m. 38 cent.

187 — **Valenciennes.** Trois coupes. — Haut., 11 cent.; long. totale, 3 m. 85 cent.

188 — **Valenciennes**. Plusieurs coupes dentelle basse, diverse. — Environ, 50 mètres.

189 — **Valenciennes**. Garniture d'ombrelle en tulle brodé et une cravate garnie.

190 — **Valenciennes**. — Feuille d'éventail.

191 — **Valenciennes**. Douze revers.

192 — **Valenciennes**. Neuf empiècements de chemises en dix-huit pièces.

193 — **Valenciennes**. Douze empiècements de chemise.

194 — **Valenciennes**. Douze empiècements de chemise.

195 — **Valenciennes**. Deux coupes. (Une couture.) — Haut., 14 cent.; long. totale, 8 m. 50 cent.

196 — **Valenciennes**. Barbe. — Long., 1 m. 50 cent.; larg., 28 cent.

197 — **Valenciennes**. Jupe à traîne et corsage. Le corsage se compose d'un devant en deux morceaux, un dos, deux manches et deux sabots. Motifs de gerbes de fleurs, feuillages et arabesques. — Tour de jupe, au bas, 5 m. 30 cent.; haut. devant, 90 cent.; haut. de traîne, 1 m. 85 cent.

198 — **Valenciennes** (xviiie siècle). Très beau volant à motifs de lis, roses, palmettes, marguerites. Guirlandes. Deux coupes. — Haut., 22 cent.; long. totale, 9 m. 80 cent.

199 — **Valenciennes**. Deux manches à sabots à motifs de guirlandes de roses.

200 — **Valenciennes.** Deux coupes. (Trois coutures.) — Haut., 10 cent.; long. totale, 13 m. 60 cent.

201 — **Valenciennes.** Une coupe. — Haut., 12 cent.; long., 7 m. 35 cent.

202 — **Valenciennes.** Quatre coupes. (Une couture.) — Haut., 10 cent.; long. totale, 5 m. 75 cent.

203 — **Valenciennes.** Une coupe. — Haut., 12 cent.; long., 7 m. 15 cent.

204 — **Valenciennes.** Trois coupes. — Haut., 12 cent; long. totale, 10 m. 70 cent.

205 — **Valenciennes.** Une coupe. — Haut., 12 cent.; long., 6 m. 90 cent.

206 — **Valenciennes.** Une coupe. — Haut., 10 cent.; long., 3 m. 35 cent.

207 — **Valenciennes.** Trois coupes. (Une couture.) — Haut., 8 cent.; long. totale, 12 m. 30 cent.

208 — **Valenciennes.** Trois coupes, bordures roses. — Haut., 12 cent.; long., 11 m. 35 cent.

209 — **Valenciennes.** Cinq coupes. — Haut., 12 cent.; long. totale, 17 m. 50 cent.

210 — **Valenciennes.** Deux coupes, motifs cordon de fleurs et feuillages. — Haut., 12 cent.; long. totale, 7 m. 30 cent.

211 — **Valenciennes.** Six coupes. — Haut., 9 cent.; long. totale, 6 m. 85 cent.

212 — **Valenciennes.** Deux coupes. (Deux coutures.) — Haut., 9 cent.; long. totale 9 m. 80 cent.

2 1 3 —. **Valenciennes**. Deux coupes. — Haut., 12 cent. ;
long. totale, 8 mètres.

2 1 4 — **Valenciennes**. Une coupe. — Haut., 12 cent. ;
long., 6 m. 70 cent.

2 1 5 — **Valenciennes**. Onze coupes. (Deux coutures.) —
Haut., 9 cent. ; long. totale, 33 m. 3o cent.

2 1 6 — **Valenciennes**. Une coupe et deux manches. —
Haut., 10 cent. ; long. totale, 10 m. 5o cent.

2 1 7 — **Valenciennes**. Trois coupes. — Haut., 10 cent.;
long. totale, 9 m. 65 cent.

2 1 8 — **Venise**. Volants et fragments de dentelle pour
ameublement ; modèles variés (dix-neuf coupes). —
Long. totale, 6 m. 8o cent. environ.

2 1 9 — **Venise**. Quatre coupes à jours d'Alençon, motifs
de branches de roses. — Haut., 6 cent. ; long. totale,
5 mètres.

2 2 0 — **Venise à relief**. Grand col.

ÉTOFFES
EUROPÉENNES ET ORIENTALES

221 — Deux fragments de chasuble en damas vert et soie verte, ornés chacun d'une bande en broderie sur fond rouge. XVIe siècle.

222 — Devant d'autel en soie crème brodée d'argent et soie de couleur, décor de rinceaux et arabesques ; au centre, un médaillon peint. XVIIe siècle.

223 — Autre devant d'autel en soie crème brodée de métal et de soie de couleurs ; chiffres au centre. XVIIe siècle

224 — Onze fragments de broderies de soie et de métal sur soie.

225 — Petit panneau carré en velours vert brodé d'argent et de perles, décor à fleurs et feuillages, caractères d'écritures, croissants, etc. Travail oriental.

226-227 — Deux coussins en satin crème et rouge, brodés de métal et de soie, enrichis de perles fines et imitation. XVIIe siècle.

228 — Chasuble en velours rouge, avec bandes en broderie à fleur, insectes, réappliquée sur satin rouge. XVIIe siècle.

229 — Dalmatique en satin rouge broché, et satin blanc, broché en soie de couleur, galonnée d'or. XVIIIe siècle.

23o — Chasuble en soie verte, avec bande en soie rose, ornée d'application de soutache verte. XVIIe siècle.

231 — Autre chasuble analogue, bande fond rouge.

232 — Chasuble en soie brochée marron, tissée de métal, et galonnée. xviiie siècle.

233 — Trois étoles et un manipule en soie brodée de métal.

234 — Chasuble en soie lilas brodée d'argent, rinceaux et lambrequins. xviiie siècle.

235 — Dalmatique en soie crème brochée à fleurs en couleurs, galonnée d'or. xviiie siècle.

236 — Autre dalmatique analogue à la précédente. xviiie siècle.

237 — Chasuble en soie blanche brochée et tissée de métal, galons jaunes. xviiie siècle.

238 — Bandeau d'autel en soie crème brodée de soie et d'or, à rinceaux, arabesques, fleurs. xviiie siècle.

239 — Panneau en soie rose, à rayures, broché de soie de couleur à festons de fleurs et petits bouquets. xviiie siècle.

240 — Corsage et jupe de Vierge en soie verte brodée de métal argenté. xviiie siècle.

241 — Petit manteau de Vierge en soie crème brochée de soies de couleurs, décor à fleurs. xviiie siècle.

242 — Bandeau et deux panneaux en satin vieux rose, orné de broderie de soie et de métal réappliquée, à arabesques et vase de fleurs, du xviiie siècle.

243 — Panneau en brocatelle, à corbeilles et grands ramages jaunes sur fond vert. Bordé de galon.

244 — Jupe de Vierge en soie jaune brochée. Bordure
soutachée, à rinceaux de feuillages et brodée à paillettes.

245 — Deux gilets non montés en soie, brodés.

246 — Habit en drap vert brodé de soies de couleurs.

247 — Deux cantonnières, un bandeau et deux panneaux
en velours rouge, décoré de motifs en broderie réappliquée.

248 — Une cantonnière, un bandeau, deux panneaux,
velours rouge, garnis de galons jaunes et soutachés.

249 — Une cantonnière, un bandeau et deux panneaux
en satin rose, garnis de galon soutaché, bordés de
franges.

250 — Tapis de table en toile brodée de soie de couleurs,
décor à médaillon à deux personnages, oiseaux, rinceaux, arbuste, etc. Ancien travail portugais.

251 — Petit tapis en satin jaune, orné de broderie
ancienne, réappliquée, à feston de fleurs.

252 — Panneau en velours moiré crème, orné de motifs
en broderie de perles en verre, soie et métal réappli-
qués. Travail ancien.

253 — Bandeau en velours de Gênes, fond crème.

254 — Tapis de table en toile brodée de soies de couleurs,
grands rinceaux de feuillages, fleurs et fruits. Travail
oriental.

255 — Deux panneaux en soie brochée ou brodée, décor
étoile et rosaces. Travail oriental.

256 — Six morceaux provenant d'une garniture de selle en drap, avec applications en métal et verroterie. Travail oriental.

257 — Portière en velours crème, ornée de carrés, en toile brodée de soie et de métal, décor de fleurs stylisées. Travail oriental.

258 — Grand panneau rectangulaire en toile rouge, brodée de soie jaune, décor de grands rinceaux de fleurs, et personnages aux coins. Travail oriental.

259 à 263 — Un lot de toiles ou voiles brodés. Travail oriental.

264 — Sept fragments en soie et étoffes variées, brodés de métal et de soie de couleurs : voile de couleur, bandeau, etc.

265 — Cinq pièces en étoffes variées, brochées, brodées ou peintes. Travail chinois et autre.

266 — Grand panneau en soie crème brodée de soies de couleurs, décor, au centre : vase de fleurs ; bordure à fleurs et vasques fleuries. Travail chinois. Bordé de franges sur trois côtés.

267 — Panneau en satin crème, entièrement brodé de soies de couleurs, à rinceaux de fleurs et feuillages. Travail chinois.

268 — Grand panneau en satin rouge, brodé de soies de couleur et de métal doré, décoré d'une divinité sur un dragon, personnages et fleurs. Travail chinois. Franges en soie.

269 — Bandeau, formé de quatre panneaux, en satin rouge, bordures bleues, décor de dragons, fleurs, attributs brodé en soie de couleurs. Travail chinois.

270 — Bas de robe chinoise en soie crème, brodée en soie bleue, à fleurs.

271 — Panneau en satin rouge brodé de soie de couleur, à attributs. Travail chinois.

272 — Trois kimonos japonais en crépon brodé de soie et de métal.

273 — Manteau de mandarin en velours noir brodé de métal.

274 — Un lot de franges en soie et passementerie.

275 — Deux panneaux en filet, brodés de perles en verre.

276 — Un siège et un dossier en imitation de tapisserie.

ÉVENTAILS

277 — Quatre éventails, deux à monture d'ivoire ajouré, et deux en bois.

278 — Éventail, à monture d'ivoire blanc et teinté rose. Feuille peinte, décorée de sujets à personnages et paysages, dans des encadrements rocailles.

279 — Deux éventails, à montures de nacre et d'ivoire ajouré. Feuilles, l'une peinte à l'huile : fleurs ; l'autre, lithographie peinte à la gouache : Réunion galante.

280 — Deux éventails, à monture d'os posée de pois en acier. Feuilles décorées de sujets gravés et peints.

281 — Éventail, à monture d'ivoire et de nacre, décoré
au vernis de fleurs, insectes, poissons, reptiles, etc.
Feuille décorée en plein d'une composition peinte à
la gouache, représentant un sujet mythologique.

282 — Grand éventail en plumes blanches; monture en
écaille blonde.

283 — Deux éventails, l'un en écaille blonde et brune,
l'autre en bois. Feuilles en plumes.

284 — Éventail, à monture de nacre ajourée posée de
métal. Feuille en tulle noir peint.

285 — Éventail, à monture d'ivoire ajouré et sculpté,
incrusté de verroterie. Feuille en ancien point d'A-
lençon.

286 — Éventail en nacre ajourée et sculptée. Feuille en
dentelle point à l'aiguille.

287 — Éventail, monture en écaille blonde, avec chiffre
en or. Feuille en application de Bruxelles sur tulle
noir.

288 — Éventail, à monture d'ivoire ajouré et peinte.
Feuille peinte à la gouache, offrant un médaillon à
paysage, avec ruines, groupe de berger, fileuse et en-
fant, réservé sur fond bleu à entrelacs de dentelle
simulée. Époque Louis XV.

289 — Éventail, à monture de nacre ajourée posée de
métal, décor de motifs à rocailles et personnages.
Feuille décorée en plein d'une composition peinte
à la gouache, représentant Amphitrite. Époque
Louis XV.

290 — Éventail, à monture d'ivoire finement sculpté, ajouré et peint, ornée de médaillons à personnages, vases de fleurs, coquilles. Feuille décorée en plein, d'une composition mythologique dans un palais, peinte à la gouache. Époque Louis XV.

291 — Éventail, à monture d'ivoire finement ajourée, sculptée et peinte au vernis, décorée de personnages et animaux dans des motifs rocailles. Feuille décorée en plein d'une composition peinte à la gouache l'Enlèvement des Sabines. Au revers, une figure de fleuve. Époque Louis XV.

292 — Éventail, à monture d'ivoire ajouré et nacré, posé d'or et d'argent, à décor d'amours, nymphes, bustes, etc., dans des portiques rocailles. Feuille décorée en plein d'une composition : Flore et Zéphir, accompagnés de suivantes et d'amours, dans un parc avec temple et ruines. Époque Louis XV. (*Revers moderne.*)

293 — Éventail, à monture d'ivoire finement ajouré et sculpté, décoré au vernis d'amours dans des motifs rocailles, guirlandes de fleurs. Feuille décorée en plein d'une composition, présentant un sujet tiré de l'histoire ancienne. Époque Louis XV.

294 — Éventail, à monture d'ivoire finement ajouré, sculpté et peint au vernis, orné de motifs rocailles, amours, lapins, fleurs. Feuille décorée en plein d'une composition mythologique. Époque Louis XV.

295 — Éventail en nacre ajourée, posée de métal et peinte au vernis, décor d'amours, rocailles, guirlandes de fleurs. Feuille décorée en plein d'une composition tirée de l'histoire ancienne. Époque Louis XV.

296 — Éventail, à monture d'ivoire ajouré, incrusté de
nacre et peinte au vernis à sujets dans des médaillons
rocailles, oiseaux, écureuil, coquilles. Feuille décorée en plein d'une composition, représentant le Char
de Neptune. Époque Louis XV.

297 — Éventail, à monture d'ivoire ajouré et sculpté,
orné de personnages, rocailles et fleurs. Feuille en
soie peinte à la gouache, décorée d'un sujet : le Duo,
et de paysages maritimes. Époque Louis XV.

298 — Éventail, à monture d'ivoire ajouré et sculpté,
médaillon à sujet pastoral, rocailles et fleurs. Feuille
décorée en plein d'une composition : le Duo, dans un
paysage maritime. xviiie siècle.

299 — Deux éventails, à montures en ivoire ajouré et
sculpté : l'un, avec feuille présentant Cérès ; l'autre, un
sujet pastoral. xviiie siècle.

300 — Deux éventails, à montures en ivoire ajouré et
sculpté : l'un, à feuille peinte à la gouache : l'Amour
retirant son masque ; l'autre, décorée de médaillons
gravés et peints. Fin du xviiie siècle.

301 — Éventail, à monture d'ivoire sculpté et ajouré ;
chaque branche décorée d'amours, guerriers, bustes
ou attributs. Feuille décorée en plein d'une composition à personnages dans un parc ; au centre de la composition : Joueur de flûte et vielleuse. xviiie siècle.

302 — Éventail, à monture d'ivoire ajouré, posé d'argent, ornée de médaillons à amours et concert.
Feuille en soie brodée à paillettes, présentant des médaillons : Allégories à l'Hymen, portraits, etc.
xviiie siècle.

3o3 — Éventail, à monture d'ivoire ajouré et sculpté.
Feuille décorée en plein d'une composition peinte à
la gouache : Flore et Zéphir, et deux suivantes en-
guirlandant l'Autel de l'Amour. xviiie siècle.

3o4 — Trois petits éventails en os ajouré. xixe siècle.

3o5 — Trois petits éventails en corne et écaille ajourée.
xixe siècle.

3o6 — Très petit éventail, à monture en ivoire et métal
ajouré. Feuille gravée et peinte à la gouache : le Pas-
sage du petit pont ; un autre petit à monture ivoire
ajouré, xixe siècle. Feuille peinte à la gouache : Danse
champêtre.

3o7 à 3ii — Un fort lot de lithographies ou gravures,
peintes, pour feuilles d'éventails, xixe siècle. (Sera
divisé.)

3i2 — Éventail, à monture de nacre finement ajourée et
sculptée : Feuille décorée d'un paysage maritime,
peint à l'aquarelle, par *Eug. Anastasi*. Signé et
daté : 67.

3i3 — Éventail, à monture de nacre ajourée : Feuille
décorée d'un groupe de femmes et d'amours, peinte à
l'aquarelle, par *E. Sauvage*.

3i4 — Éventail, à monture d'ivoire finement sculpté et
ajouré. Feuille décorée d'un médaillon : Nymphes
prisonnières de l'amour, peinte à la gouache par *Emile
Wattier*.

3i5 — Éventail, à monture d'ivoire finement ajouré, à
sujet : la Cigale et la Fourmi. Feuille peinte à
l'aquarelle, décorée de compositions tirées des fables
de La Fontaine, par *Ph. Rousseau*. (Signé.)

316 — Éventail moderne, à monture en nacre ajourée et sculptée, posée de métal, enrichie de camée, à sujet : Danse champêtre, Feuille peinte à la gouache : Amours. Signé de *Duvelleroy*.

317 — Éventail, à monture de nacre ajourée, décor de rocailles et personnages avec rehauts de camaïeu rose et dorure. Feuille peinte à la gouache, présentant une composition mythologique.

OBJETS VARIÉS
ÉTUIS, BOITES, MINIATURES
CACHETS, ETC.

318 — Dix petits animaux sur socle, deux viroles de poignard, un brûle-parfums minuscule, en métal ou émail cloisonné.

319 — Deux étuis, une couronne, un porte-mine, en or et argent.

320 — Montre et boitier en argent, décor rocailles. Epoque Louis XV.

321 — Trois cachets, deux petites pelotes à épingles, en or et argent, enrichis de petites roses, demi-perles et pierres de couleurs.

322 — Deux bouts de narghileh en ambre; monture or et roses.

323 — Manche d'ombrelle en écaille blanche, monture or et pierres vertes ; huit intailles, camées, pierres de couleurs, et breloques en corail.

324 — Douze manches de couteaux en ivoire, partiellement laqués ; deux netskés et une bonbonnière, ivoire. Travail japonais.

325 — Sept peignes, une burette, cinq épingles en écaille blonde et brune.

326 — Une grande boucle, trois petites rectangulaires, deux autres ovales. et onze boutons en argent et strass.

327 — Petit porte-bouquet en argent doré, enrichi de turquoises.

328 — Deux chapelets, avec médailles en argent et métal.

329 — Deux bonbonnières en argent ; une est partiellement émaillée, de style japonais.

330 — Petite boîte et un médaillon en or.

331 — Boîte à poudre : Tête de hibou, en or.

332 — Boîte à poudre : *MIZPAH*, en or.

333 — Petit cachet cylindrique en cristal de roche ; monture en or.

334 — Cachet en or ciselé et ajouré.

335 — Cachet en or et argent.

336 — Breloque : Tombeau de Napoléon, en or et argent.

337 — Cachet cylindrique en agate, avec lézard en or.

338 — Paire de girandoles en métal argenté.

339 — Presse-papier en malachite, avec éléphant, en or, argent et nacre.

340 — Livre de messe sur parchemin, reliure en maroquin bleu, avec ornements en or, enrichi de roses.

341 — Deux petits almanachs en soie brodée et peinte ; l'un orné de deux petites miniatures ovales. xviiie et xixe siècle.

342 — Deux boîtes à mouches et un étui-souvenir en nacre, posée d'argent. xviiie siècle.

343 — Étui-souvenir au vernis, monture en argent. xviiie siècle.

344 — Quatre petites boîtes en émail et porcelaine ; monture en métal.

345 — Petite aiguière en porcelaine décorée avec devise, monture en argent enrichie de petites pierres.

346 — Onze pièces en argent : corbeille, bonbonnière, tabatière, passe-thé, petite bassinoire, une boule à huile sainte, une petite cuiller.

347 — Une boucle, deux corbeilles, breloque, six menus objets, chaise, etc., en argent.

348 — Boîte décorée au vernis Martin : personnages ; monture en argent doré.

349 — Bonbonnière Louis XVI en or ciselé.

350 — Petite boîte à fond or, roses et pierre bleue, avec couronne.

351 — Miniature ovale : Portrait d'un officier supérieur, par *Isabey*. Signée et datée : *1812*.

352 — Miniature ovale : Portrait de jeune femme, dans un cadre en argent, orné de strass. (Chevalet en métal.) — Et une petite miniature ovale : Portrait de femme.

BIJOUX

353 — Lot de menus bijoux.

354 — Ving-deux boutons divers en argent.

355 — Vingt-deux boutons en argent ajouré.

356 — Agrafe de manteau avec chainette, argent, enrichie de deux camées, pierres de couleur, avec épingles de sûreté or.

357 à 361 — Vingt-huit épingles de cravate en or, ornées de brillants, perles et pierres diverses.

362 — Deux porte-plume en or et une plume.

363 — Liseuse en écaille blonde, ornée d'un serpent en argent et roses.

364 — Coupe-papier en argent, orné de roses. (*Plusieurs manquent.*)

365 — Bracelet en or, argent et métal, travail japonais. Et une liseuse en argent, partiellement émaillée.

366 — Ceinture en argent doré, ornée d'un cabochon en pierre jaune.

367 — Deux bracelets-serpents en or, ornés l'un de roses et l'autre de saphirs, brillant et roses.

368 — Bracelet rigide; têtes de lion, en or et monture.

369 — Bracelet-torsade en or.

370 — Broche-torsade en or.

371 — Deux boutons de manchettes : dragons, en or.

372 — Deux boucles d'oreilles : cariatides, en or.

373 — Deux boucles d'oreilles et un pendentif boules ; monture or, argent et roses.

374 — Cinq paires de boutons de manchettes en or, argent et monture.

375 — Broche en or, forme parapluie.

376 — Collier à trois pendeloques, grenats ; monture en or.

377 — Châtelaine avec agrafe, montre et flacon en argent, suspendus à une chaîne en or.

378 — Deux boucles d'oreilles et une broche, monture en or, enrichies d'améthystes. Entourage de roses.

379 — Deux pendants d'oreilles ajourés en or, ornés de deux peintures sur nacre. Entourage de perles.

380 — Bracelet souple en or. (*Cassé.*)

381 — Deux peignes à barbe en écaille blonde, monture en or. Chiffrés *A.* et ornés de roses.

382 — Trois peignes en écaille blonde, monture en or, dont un avec boucles, l'autre orné de roses.

383 — Parure en corail, monture en or, ornée de brillants, comprenant : un bracelet, deux pendants d'oreilles, une broche à pendentif. (*Partie cassée.*)

384 — Broche-hanneton en or, argent, roses et pierres de couleurs.

385 — Miroir en or et argent, enrichi d'une perle.

386 — Sautoir en or.

387 — Châtelaine en or, avec spatule en argent.

388 — Deux bracelets rigides en or ciselé, dont un orné de personnages chinois.

389 — Bourse en or.

390 — Petit miroir en or, avec chiffre orné de roses.

391 — Carnet de bal en or ciselé, avec chaînettes.

392 — Bracelet-souvenir en or et argent, orné de roses. (*Une manque.*)

393 — Collier de plusieurs rangs en grenats, fermoir or.

394 — Plume-couteau, blanche, monture en or, argent et rose. (*Cassée.*)

395 — Porte-épingles, forme coquillage, en argent, avec trente et une épingles or et avec perles.

396 — Deux pelotes, avec trente-six épingles ornées de perles.

397 — Deux épingles-jumelles avec chaînette en or, ornées de perles.

398 — Épingle à chapeau en or, argent et roses.

399 — Montre en ivoire, avec châtelaine; monture en or.

400 — Parure normande en or et émeraudes, comprenant : deux boucles d'oreilles et une broche, et un pendentif. (*Partie cassée*).

401 — Pendentif or, avec croix normande ornée de pierres.

402 — Épingle, trophée, avec chaînette, et épingle de sûreté en or, argent, roses, perles et nacre.

403 — Deux boucles d'oreilles en or, rubis et brillants.

404 — Cadre ovale en or et argent partiellement émaillé, enrichi de douze brillants.

405 — Cadre ovale en argent et or émaillé bleu, orné d'une miniature. Entourage en roses.

406 — Paire de boutons de manchettes en or et quatre perles blanches et noires.

407 — Deux anneaux en or, pavés de brillants, réunis par une chaînette en or et brillants.

408 — Ceinture de bayadère en or et argent, enrichie de pierres de couleurs.

409 — Châtelaine, avec montre en or ciselé et argent, enrichie de brillants, roses et perles. *Maison Boucheron*.

410 — Bague en or, ornée d'une perle noire.

411 — Bague en or, saphir cabochon, ornée de roses.

412 — Bague en or et argent, masques.

413 — Collier en or.

414 — Quatre boucles en or, ornées de brillants, dont trois en forme de fer à cheval.

415 — Chapelet en or et perles.

416 — Broche-couronne de comtesse en or, enrichie de perles.

417 — Deux boutons d'oreilles, perles blanches ; monture en or.

418 — Flacon à odeur avec châtelaine or et monture.

419 — Coquetier en or émaillé, et roses (*cassé*). — (*Manque une pierre.*)

420 — Miroir or avec miniature, fermoir orné d'une pierre à table.

421 — Flacon à odeurs, forme amphore, en or et émail. Décor style étrusque.

422 — Flacon cristal monture or. *Maison Tiffany*.

423 — Flacon à sels en cristal ; monture or.

424 — Flacons à sels, verre vert, orné de fleurs et feuillages en relief ; monture or.

425 — Deux flacons à sels en cristal, monture en or ; l'un orné de brillants ; l'autre de roses. Fermoir incomplet.

426 — Flacon en cristal taillé ; monture en or ciselé.

427 — Flacon à sels en cristal ; monture en or.

MALLES, DÉBARRAS

428 — Sous ce numéro, plusieurs malles.

429 — Objets omis.

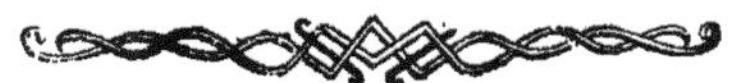